JURISDICT
ET
JURISPRUDENCE
DE LA
CHAMBRE DES COMPTES,
OU

COLLECTION des Ordonnances, Edits, Déclarations, Lettres-Patentes, Arrêts & Réglemens, tant sur sa Jurisdiction, que sur chacune des matières de sa compétence;

CONCERNANT

1°. *Les droits honorifiques dus au Roi.*
2°. *Les enregistremens de ses volontés.*
3°. *La manutention des finances dudit Seigneur Roi.*

A PARIS,
L. CELLOT & Fils, Imprimeurs de la Chambre des Comptes.

1787.

AVERTISSEMENT.

1°. On a fait imprimer d'avance cette Table des matières, qui annonce le plan de l'Ouvrage.

CE Plan préfente les différens objets de la Jurifdiction, & de la Jurifprudence de la Chambre ; & peut en donner une idée générale, pour Meffieurs les Officiers qui entrent dans la Chambre.

Les chiffres qui font à la fin de chaque article, ferviront à réunir toutes les connoiffances que l'on a pu amaffer, & que l'on pourra acquérir fur chacun de ces objets.

Si l'on a des recueils de pieces fur plufieurs matières, il faut les timbrer de la cotte du Plan, chacun, l'un après l'autre. Alors, en réuniffant tous les recueils qui auront la même cotte, on aura fur chaque matière toutes les connoiffances que l'on peut tirer de ces recueils.

Si l'on fait des extraits ou de fimples notes, il faudra les cotter pareillement des chiffres du Plan, fuivant leurs différens objets. Si l'on veut approfondir quelque matière, on trouvera réunies toutes les lumières qui étoient éparfes dans les recueils, dans les extraits & dans les notes.

Chacun faifant fes obfervations ou fes recueils fous les mêmes cottes, tous Meffieurs feront en état de fe communiquer fur chaque matière, le fruit de leurs travaux.

Les mêmes cottes ferviront auffi à trouver fur chaque matière, des extraits déjà faits fur toutes les parties de ce Plan; ce qui forme plus de cinquante mille bulletins. On y a extrait les dates & les objets des Ordonnances, indiqués dans la compilation chronologique, par Blanchard, en ce qui concerne la Chambre des Comptes. Les dates & objets des Ordonnances, Edits, Déclarations, Lettres-Patentes, contenus dans le recueil nommé Goffet. On y a dépouillé les articles des principales Ordonnances de la comptabilité ; on y a inféré les notes d'un Commis au Plumitif du fiecle dernier, nommé Loffroy, qui avoit auffi extrait plufieurs parties intéreffantes des anciens regiftres de la Chambre, avant l'incendie de 1737. Ces bulletins contiennent enfin les extraits des 80 volumes in-folio des Plumitifs, depuis 1574, qui renferment les Arrêts rendus chaque jour par elle, fur ces matières. Ces extraits font fuffifants pour faire des traités fur tout ce qui intéreffe la Jurifdiction de la Chambre, & qui concerne fa Jurifprudence.

2°. On a joint une Table alphabétique, pour trouver plus facilement les cottes du Plan fur chaque matière, pour les porter fur les pieces, recueils, extraits & notes.

TABLE DES MATIERES.

Préface dans laquelle on expose le dessein & le plan de cet Ouvrage. 1

PREMIERE PARTIE.

Jurisdiction de la Chambre. 2

PREMIERE SECTION.

De la Chambre & de ses Officiers. 3

Chapitre I.

De la Chambre en général. 4

Chapitre II.

Institutions & Créations, Fonctions, Priviléges, Profits, réceptions d'Officiers de la Chambre, & Réglemens entre eux. 5

Art. I. En ce qui concerne la Chambre en général. 6
§. I. Institutions & Créations. 7
§. II. Fonctions. 8
Cérémonies auxquelles la Chambre assiste. 9
Le tems des séances & des vacances de la Chambre. 10
Le tems du service lorsque la Chambre entre. 11

§. III. Priviléges. 12
§. IV. Profits de ses différens Ordres. 13
N°. 1. *Profits manuels.* 14
   Epices sur les comptes & intérêts d'icelles. 15
   (Epices sur les Requêtes présentées en la Chambre, *V.* Greffe, 435).
   Remplages des Epices sur les Comptes. 16
   Récompenses. 17
   Mortes paies. 18
   Stipes & nobis 19
   Bourses communes. 20
   Droits d'entrée & de chevets. 21
   Tiers des amendes. 22
   Bourses & jettons, à la présentation & clôture des comptes. 23
   Bougies aux clôtures, Jambons & Vin. 24
   Taxes, pour peines extraordinaires. 25
N°. 2. *Profits annuels.* 26
   Gages 27
   Bourses de la grande Chancellerie. 28
   Survivances. 29
   Gages des Secrétaires de la Chambre du Roi. 30
   Pensions ou gages du Conseil. 31
   Menues nécessités. 32
   Papier, Plumes, Ganivet. 33
   Cierge de la Chandeleur. 34
   Buvette. 35
   Bois. 36
   Sel. 37
   Droits d'Ecurie. 38
   Rentes .... sur le Greffe. 39
N°. 3. *Droits éteints, commués en argent, pour 40 liv. 15 s. 6 den.* 40
   De Harangs. 41
   De Dragées. 42
   Des Rois. 43
   De Roses. 44

I.ere Part. I.ere Sect. Chap. II. §. IV. N°. 4. 5

 De Verres, Raisins. 45
 De Bougies. 46
 De Jettons de cuivre, un cent; & la Bourse. 47
 D'Etuis, Ecritoires, Poinçons. 48
 De Papier, une rame. 49
 De peaux de Parchemin, une douzaine. 50
 De Plumes, un quarteron. 51
 De Cire d'Espagne, une once. 52
 De Poinçons, trois. 53
 De Racloirs, trois; de Canifs trois; Couteau. 54
 De Lacets, deux douzaines. 55
Droits éteints par augmentation d'Epices. 56
 Droit de Pied-fort, par augmentation d'Epices, sur le compte des Monnoies. 57
N°. 4. *Droits éteints sans récompense.* 58
 De Toussaints. 59
 De Champagne & de Logres. 60
 Redevances en Bled. 61
 De Robe, de Gants, de Chapeau & Manteaux. 62
 De petits Rôles, & Reliages. 63
N°. 5. *Droits d'exemptions éteints sans récompense.* 64
 D'Entrées. 65
 De Droits sur les Vins, dans les maisons de campagne. 66
 De Contrôle. 67
 De toutes impositions. 68
 De droits Seigneuriaux dans la mouvance du Roi. 69
N°. 6. *Exemptions qui subsistent.* 70
 De Droit de Sceau aux Secrétaires du Roi. 71
 D'Immatricules, pour le paiement des rentes sur la Ville. 72
 De Quittances de parties casuelles. 73
 De Joyeux avenement. 74
 De Tailles, Subvention & Aydes. 75
 De Franc-Fief. 76
 De Péages. 77

Iere Part. Iere Sect. Chap. II. N°. 7. Art. II.

D'Epices au Greffe de la Chambre. 78
N°. 7. Rentes dues par la Chambre. 79
    §. V. Réceptions d'Officiers en général. 80
    §. VI. Réglemens entre les Ordres en général. 81
Art. II. Les Préfidens. 82
    §. I. Inftitutions & créations. 83
    §. II. Fonctions. 84
    §. III. Priviléges particuliers. 85
    §. IV. Profits. 86
    §. V. Réceptions. 87
    §. VI. Relations & Réglemens. 88
        Avec les Conseillers-Maîtres. 89
Art. III. Les Conseillers-Maîtres. 90
    §. I. Inftitutions & créations. 91
    §. II. Fonctions. 92
    §. III. Priviléges particuliers. 93
    §. IV. Profits. 94
    §. V. Réceptions. 95
    §. VI. Relations & Réglemens. 96
        Avec les Préfidens. 97
        Avec les Conseillers-Correcteurs. 98
        Avec les Conseillers-Auditeurs. 99
        Avec le Procureur-Général. 100
        Avec les Subftituts. 101
        Avec les Tréforiers de France. 102
Art. IV. Les Conseillers-Correcteurs. 103
    §. I. Inftitution & Créations. 104
    §. II. Fonctions. 105
    §. III. Priviléges particuliers. 106
    §. IV. Profits. 107
    §. V. Réceptions. 108
    §. VI. Relations & Réglemens. 109
        Avec les Préfidens & Conseillers-Maîtres. 110
        Avec les Conseillers-Auditeurs. 111
        Avec les Gens du Roi. 112
        Avec les Greffiers. 113
        Avec le Garde des Livres. 114

I.ᵉʳᵉ *Part.* I.ᵉʳᵉ *Sect. Chap.* II. *Art.* V. 7

  Avec les Huissiers. 115
  Avec les Trésoriers de France. 116
Art. V. Les Conseillers Auditeurs. 117
 §. I. Institutions & Créations. 118
 §. II. Fonctions. 119
 §. III. Priviléges particuliers. 120
 §. IV. Profits. 121
 §. V. Réceptions. 122
 §. VI. Relations & Réglemens. 123
  Avec les Présidens & Conseillers-Maîtres. 124
  Avec les Conseillers-Correcteurs. 125
  Avec les Gens du Roi. 126
  Avec les Greffiers. 127
  Avec le Garde des Livres. 128
  Avec les Huissiers. 129
  Avec les Procureurs. 130
  Avec les Conseillers au Châtelet. 131
Art. VI. Les Gens du Roi. 132
 §. I. L'Avocat-Général. 133
 §. II. Le Procureur-Général. 134
 §. III. Les Substituts. 135
 §. IV. Le Clerc du Trésor, depuis dit Contrôleur-Clerc du Trésor en la Chambre des Comptes, faisant sous le Procureur-Général, les poursuites du Domaine. 136
Art. VII. Les Greffiers. 138
 §. I. Institutions & Créations. 139
 §. II. Fonctions. 140
 §. III. Priviléges particuliers. 141
 §. IV. Profits. 142
 §. V. Réceptions. 143
 §. VI. Relations & Réglemens. 144
  Avec les Conseillers-Correcteurs. 145
  Avec les Conseillers-Auditeurs. 146
  Avec les Gens du Roi. 147
  Avec le Garde des Livres. 148
  Avec le Contrôleur des Restes. 149

Avec les Huissiers. 150
Avec les Procureurs. 151
§. VII. Le Contrôleur du Greffe. 152
Art. VIII. Le Garde des Livres. 153
§. I. Institutions & Créations. 154
§. II. Fonctions. 155
§. III. Priviléges particuliers. 156
§. IV. Profits. 157
§. V. Réceptions. 158
§. VI. Relations & Réglemens. 159
Avec les Conseillers-Correcteurs. 160
Avec les Conseillers-Auditeurs. 161
Avec les Greffiers. 162
Avec les Huissiers. 163
Avec les Procureurs des Comptes. 164
§. VII. Notices sur les Relieurs des Comptes. 165
Art. IX. Contrôleur des Restes. 166
§. I. Institution & Création. 167
§. II. Fonctions. 168
§. III. Priviléges. 169
§. IV. Profits. 170
§. V. Réceptions. 171
§. VI. Relations & Réglemens. 172
Avec les Greffiers. 173
§. VII. Notices sur le Receveur-Général des Restes. 174
§. VIII. Notices sur le Solliciteur-Général des Restes. 175
Art. X. Les Huissiers. 176
§. I. Institution & Créations. 177
§. II. Fonctions. 178
§ III. Priviléges particuliers. 179
§. IV. Profits. 180
§. V. Réceptions. 181
§. VI. Relations & Réglemens. 182
Avec les Conseillers-Correcteurs. 183
Avec le Garde des Livres. 184

Avec

I.ʳᵉ *Part.* I.ʳᵉ *Sect, Art,* XI, *&c.* 9
Avec le Contrôleur-Général des Restes. 185
Entre eux. 186
Art. XI. Garde-Bonnets & Portiers. 187
§. I. Notices sur le Garde-Bonnets & Manteaux. 187²:
§. II. Notices sur les Portiers extérieur & intérieur. 188
Art. XII. Les Procureurs. 189
§. I. Institutions & Créations. 190
§. II. Fonctions. 191
§. III. Priviléges particuliers. 192
§. IV. Profits. 193
§. V. Réceptions. 194
§. VI. Relations & Réglemens. 195
Avec les Greffiers. 196
Avec le Garde des Livres. 197
Entre eux. 198
§. VII. Clercs & Procureurs. 199
Art. XIII. Chancellerie près la Chambre. 200
Art. XIV. Trésoriers de France. 201
§. I. Institutions & Créations. 202
§. II. Fonctions. 203
§ III. Priviléges particuliers. 204
§. IV. Profits. 205
§. V. Réceptions. 206
§. VI. Relations & Réglemens. 207
Avec les Conseillers-Maîtres. 208
Avec les Conseillers-Correcteurs. 209
Avec les Conseillers-Auditeurs. 210
Avec la Cour des Aides. 211
§. VII. Leurs Huissiers. 212

SECONDE SECTION.

Relations de la Chambre avec les autres Cours,
& avec le Gouvernement & l'Administration, 213

CHAPITRE I.

Relations de la Chambre avec les autres Cours,
C

& Anecdotes. 214
Art. I. Avec les Etats du Royaume. 215
Art. II Avec les Etats des Provinces. 216
Art. III. Avec le Clergé. 217
Art. IV. Avec le Parlement & Préféance. 218
Art. V. Avec les autres Chambres des Comptes. 219
Art. VI. Avec la Cour des Aides & Préféance. 220
Art. VII. Avec le grand Conseil. 221
Art. VIII. Avec les Conseils Supérieurs. 222
Art. IX. Avec la Cour des Monnoies. 223
Art. X. Avec les Chambres Royales de Justice. 224
Art. XI. Avec le Châtelet. 225
Art. XII. Avec la Prévôté de l'Hôtel. 226
Art. XIII. Avec les Eaux & Forêts. 227
Art. XIV. Avec la Jurisdiction consulaire. 228
Art. XV. Avec la Ville de Paris. 229
Art. XVI. Avec les Commissaires extraordinaires. 230

Chapitre II.

Relations avec le Gouvernement, & Anecdotes. 231
Art. I. Le Chancelier. 232
Art. II. Le Garde des Sceaux. 233
Art. III. Le Conseil du Roi. 234
Art. IV. le Contrôleur-Général des Finances. 235
Art. V. Intendans des Finances. 236
Art. VI. Secrétaires des Finances. 237
Art. VII. Secrétaires d'Etat. 238
Art. VIII. Intendans du Commerce. 239
Art. IX. Intendans des Provinces. 240
Art. X. Gouverneurs des Villes. 241

SECONDE PARTIE.

Jurisprudence de la Chambre. 242
Notions préliminaires.
Sur les Assemblées de la Chambre. 243
Art. I. Assemblées générales. 244
Art. II. De Semestres des Présidens & Conseillers-Maîtres. 245

II.e Part. I.re Sect. Art. I. 1

Art. III. De Bureaux. 246
Art. IV. Bureaux particuliers. 247
N°. 1. Le grand Bureau. 248
N°. 2. Le second Bureau. 249

PREMIERE SECTION.

Autorité de la Chambre, à l'égard des droits honorifiques dus au Roi. 250

CHAPITRE I.

Droit féodal à l'égard des devoirs des Vassaux, & droits par eux dus. 251

CHAPITRE II.

Forme des Actes féodaux; poursuites pour iceux non faits, & droits non payés; poursuites des paiemens d'amende en Normandie; souffrance s'il y a lieu; exemptions momentanées pour le Clergé; dons de droits Seigneuriaux; dons des Gardes-Nobles. 252

CHAPITRE III.

Réception de foi & hommages. Serment de fidélité. Aveux & dénombremens. Déclarations du temporel. 253
Art. I. Enregistrement des Lettres-Patentes, expédiées sur les sermens de fidélité, prêtés ès mains du Roi, & des hommages reçus par le Chancelier, & attaches sur icelles. 254
§. I. Enregistrement des sermens de fidélité. 255
§. II. Enregistrement de foi & hommage reçus par le Roi ou par le Chancelier. 256
Art. II. Réceptions en la Chambre, de foi & hommages, aveux & dénombremens au grand Bureau. Déclarations du temporel, & attaches sur lesdits Actes. Contestations sur icelles. 257
Art. III. Examen de foi & hommages. Aveux & dé-

II.ᵉ Part. I.ʳᵉ Sect. Chap. III. Art. IV.

nombremens envoyés par les Tréforiers de France des Provinces, & admiffion defdits Actes dans les dépôts de la Chambre, ou renvoi d'iceux pour être réformés. 258
Art. IV. Dépôt des Actes féodaux au dépôt des Fiefs 259

SECONDE SECTION.

Autorité de la Chambre à l'égard des enregiftremens des volontés de nos Rois, & notamment à l'égard des graces honorifiques ou utiles. 260

CHAPITRE I.

Droit public, à l'égard des enregiftremens des Loix en général. 261

CHAPITRE II.

Droits particuliers à l'égard des enregiftremens. 262
Art. I. Volontés du Roi à l'égard du domaine, droits & biens y réunis. 263
N°. 1. Sur les domaines réunis à la Couronne par acquifitions ou conquêtes. 264
N°. 1.¹. Lettres fur les Villes ou Provinces unies à la Couronne. 265
N°. 1.². Lettres fur déclarations de guerre & les traités de paix. 266
N°. 2. Dons par contrats de mariages de la Famille Royale, & autres traités de famille. 267
Teftamens des Rois. 268
N°. 3. Acquifitions ou échanges faits par le Roi. 269
Unions au Domaine. 270
Baux du domaine. 271
Baux à loyer ou à tems. 272
N°. 4. Lettres fur la mouvance des Vaffaux. Contestations en la Chambre, fur ladite mouvance. 273
N°. 5. Confirmation de droits d'ufage, de chauffage, de grurie, de pêche, de chaffe. 274
N°. 6.

IIe Part. IIe Sect. Chap. II. Art. II. 13

N°. 6. Réglemens sur les droits domaniaux. Dires des Inspecteurs des domaines. Commissaires du domaine. 275
N°. 7. Engagemens par ventes, dons &c., & révocations d'iceux, même d'Offices de Justice. 276
N°. 8. Remises de droits dus au domaine. 277
    Sur amortissemens. 278
    Exemptions de traites domaniales. 279
N°. 9. Cessions de droits contentieux. 280
N°. 10. Ratifications de vente d'une terre de mouvance & autres fonds. 281
    Pour ventes particulières, telles que coupes de bois considérables. 282
N°. 11. De dons d'usufruit. 283
N°. 12. Lettres d'apanages des Princes, & douaires des Reines ; supplémens & administrations des apanages. 284
    D'Établissement de Chambre des Comptes pour apanages. Douaires. 285
    De ratification de contrats faits par les Princes apanagistes, concernant la propriété ou l'usufruit de leur apanage à leurs décès. 286
    Lettres des Princes apanagistes pour nomination d'Offices. 287
    Lettres de révocation de disposition, l'apanage étant fini. 288
    Examen des opérations de l'apanagiste, & compte de l'apanage, l'apanage étant fini ; & de même des domaines. 289
Art. II. Volontés de nos Rois, d'accorder graces honorifiques ou utiles. 290
§. I. Lettres en faveur des personnes. 291
N°. 1. Regnicoles. 292
N°. 1.¹. Lettres de Noblesse. Armoiries. 293
N°. 1.². Lettres de Bourgeoisie. 294
    D'affranchissement de servitude. 295
    D'Exemptions de charges publiques. 296

D

II.ᵉ Part. II.ᵉ Sect. Chap. II. Art. II. §. II.

N°. 1.3. Lettres de légitimation. 297
N°. 1.4. Lettres de permutation de noms. 298
N°. 1.5. Lettres de permiſſion à un François, de demeurer hors du Royaume. 299
Lettres de permiſſion, d'accepter dignité dans les Royaumes étrangers. 300
N°. 1.6. Lettres de permiſſion de ſe marier avant la fin du deuil. 301
N°. 2. Lettres en faveur des Etrangers. 302
N°. 2.1. Lettres de naturalité, ou de déclaration de naturalité. 303
N°. 2.2. De permiſſion à étrangers de tenir bénéfice ou d'acquérir des biens. 304
N°. 2.3. Lettres de permiſſion à étrangers d'appréhender ſucceſſion. 305
§. II. Lettres ſur les biens. 306
N°. 1. Lettres d'érections de terres en Dignités, Châtellenies, Baronies, Marquiſats, Comtés, Pairies, Souverainetés, ou Confirmations, ou continuations deſdites Dignités. Inféodation, union, déſunion de Fiefs, fixation de mouvance. 307
Lettres de don de Juſtice & de nomination aux Offices. 308
N°. 2. Lettres de confirmation d'inſtitution d'héritiers. 309
N°. 3. Lettres de permiſſion à Religieux de diſpoſer de leurs biens. 310
N°. 4. Lettres pour être mis hors de garde. 311
N°. 5. Lettres de priviléges ou gratifications, exemptions de droits en faveur de particuliers pour commerce excluſif ou autres cauſes. Permiſſion de conſtruire Forge ou Moulin ſur riviere, creuſer des Mines. 312
N°. 6. Lettres ſur le luxe. 313
§. III. Lettres de dons ou remiſes. 314
N°. 1. Brevets ou dons de penſions, ou autres choſes mobiliaires ou immobiliaires non encore réunies à la Couronne. 315

IIᵉ Part. IIᵉ Sect. Chap. II. Art III. 15

N°. 2. Lettres de dons de Prélation. 316
N°. 3. Lettres de main-levée de fruits en régale. 317
N°. 4. Lettres de dons & aumônes aux communautés Religieuses, Eglises ou Hôpitaux. (*Voyez aussi* 342). 318
N°. 5. De gages intermédiaires, ou lettres de relief, de prestation de serment. 319
N°. 6. De dons de finances, brevets de retenue sur les Offices. Permission d'emprunter de grosses sommes & d'y affecter les brevets de service. 320
N°. 7. De dons à femmes comptables sur les biens de leurs maris. 321
N°. 8. De dons faits par le Roi, pour s'acquitter envers des particuliers de services, &c. 322
N°. 9. De décharges d'amendes en faveur de particuliers. 323
N°. 10. D'état ou de surséance. 324
N°. 11. Lettres d'abolition. 325
Art. III. Volontés de nos Rois qui concernent la religion, ou les communautés Ecclésiastiques ou Laïques, Etats des Provinces & autres. 326
§. I. Lettres sur la jurisdiction Ecclésiastique, & sur les Religionnaires. 327
§. II. Lettres sur les communautés Ecclésiastiques & Laïques. 328
  N°. 1. Leur existence légale. 329
    N°. 1.¹. Etablissemens, constructions de Bourgs ou Villes, Erections d'Evêchés. Etablissemens de Paroisses, Séminaires, Collèges, Hôpitaux. 330
    N°. 1.². Confirmations, unions, translations, suppressions de communautés Ecclésiastiques ou Laïques. 331
  N°. 2. Lettres sur les priviléges des communautés Ecclésiastiques ou Laïques. 332
    N°. 2.¹. D'exemptions de droits en faveur des communautés Ecclésiastiques ou Laïques, d'impôts, tailles ou autres. 333

16 *II.e Part. II.e Sect. Chap. II. Art. III.*

N°. 2.². D'Etabliſſemens de Foires ou Marchés dans les Villes, Etabliſſemens d'Académies, Colléges, Uſages, Statuts, Maîtriſes; de péages ſur Ponts, Canaux, Voitures. 334
N°. 3. Adminiſtration de leurs biens. 335
N°. 3.¹. Adminiſtration en général. 336
N°. 3.². Lettres portant permiſſion d'acquérir & de recevoir ou ratification d'acquiſitions, échanges, rachats de biens Eccléſiaſtiques ou fabriques, réunion d'Offices aux Villes. 337
Lettres d'amortiſſement de biens acquis par les communautés. 338
N°. 3.³. Lettres portant permiſſion de bâtir, ou de faire de grandes réparations. 339
N°. 3.⁴. Lettres de permiſſion d'emprunter pour acquittement de dettes plus onéreuſes, ou d'impôts, tels que dons gratuits à elles demandés. 340
N°. 3.⁵. Lettres pour aliénations. 341
N°. 3.⁶. Lettres de conceſſions d'octrois, continuations, confirmations. 342
N°. 3.⁷. Lettres pour rembourſemens ou rachats de rentes dues aux Eccléſiaſtiques ou gens de main-morte. 343
N°. 4. Lettres ſur les limites des Provinces. 344
Art. IV. Volontés de nos Rois introductives ou deſtructives d'objets de finances, ou qui en réglent l'adminiſtration.
§. I. Lettres ſur les variations des monnoies. 345
§. II. Lettres ou Edits ſur les impôts. 346
N°. 1. Leurs créations ou ſuppreſſions. 347
N°. 1.¹. Créations. 348
N°. 1.². Perceptions. 349
N°. 1.³. Commutations de droits. 350
N°. 1.⁴. Révocations. 351
N°. 1.⁵. Validations de levées d'impôts ou autres recettes. 352
N°. 1.⁶. Dons gratuits du Clergé. 353
354
N°. 2.

II Part. II᷃ Sect. Chap. II. Art. IV. 17
N°. 2. Traitans. 355
  N°. 2.¹. Contrats avec les traitans. 356
  N°. 2.². Aliénations d'impôts. 357
  N°. 2.³. Baux, lettres pour les confirmer. 358
  No. 2.⁴. Lettres de rabais ou indemnités en faveur des Fermiers ou entrepreneurs, décharges de leurs baux, ou adjudications. 359
  N°. 3. Lettres des régies d'impôts. 360
  N°. 4. Lettres sur les paiemens d'impôts. 361
  N°. 4.¹. Lettres d'abonnemens sur la taxe des impôts. 362
  N°. 4.². Lettres de remises ou d'exemptions de tailles, ou autres impositions pour Villes. 363
    Confirmation d'affranchissement. 364
    Moyennant finance. 365
  N°. 5. Lettres sur les dettes de l'état. 366
  N°. 5.¹. Constitution de rentes pour argent prêté, ou pour droits cédés, ou indemnités de terres réunies au domaine. 367
  N°. 5.². Paiemens des dettes de l'état, ou remplacemens par assignations sur recettes, ou assignations pour avances faites par les comptables, ou autres commutations d'assignations de rentes, gages ou pensions. Réassignations, conversions de rentes. 368
    Paiemens sans s'arrêter à des vices de formalités. 369
  N°. 5.³. Suspensions de paiemens. 370
  N°. 5.⁴. Réductions de rentes. 371
  N°. 5.⁵. Remboursemens de rentes. 372
  N°. 5.⁶. Lettres de paiemens des dettes de nos Rois avant leur avenement à la Couronne. 373
  N°. 6. Réglemens pour la comptabilité. 374
  N°. 6.¹. Pour emplois dans les Comptes. *V.* 530. 375
  N°. 6.². Lettres qui reglent les formes de compter. *Voyez sur chaque comptabilité,* & 425. 376
Art. V. Volontés de nos Rois sur les Offices. 377

E

§. I. Lettres fur l'exiftence légale des comptables. 378
N°. 1. Créations. 379
N°. 2. Confirmations. 380
N°. 3. Commutations. 381
N°. 4. Unions, ou défunions. 382
N°. 5. Adjudications & reventes. 383
N°. 6. de Suppreffions. 384
N°. 7. de Rétabliffemens. 385
N°. 8. de Suppreffions & Recréations. 386
§. II. Lettres de gages, taxations & droits attribués auxdits offices. 387
N°. 1. Attributions de gages, augmentations, réductions, fuppreffions, remboursemens. 388
N°. 2. Menues néceffités, taxations, droits de quittances, taxes feches. 389
N°. 3. Affignations de paiemens de gages. 390
N°. 4. Lettres d'intermédiat pour toucher les gages de l'Officier précédent. 391
N°. 5. Lettres pour toucher gages fans avoir prêté ferment, ou lettres de relief de preftation de ferment. 392
§. III. Lettres fur les finances des Offices. 393
N°. 1. Fixations. *Voyez édit de création.* 394
N°. 2. Augmentations de finances. 395
N°. 3. Enregiftrement de quittances de finances. 396
N°. 4. Lettres de permiffion de difpofer de la charge d'un Officier, qui décéderoit dans les 40 jours de fa réfignation fans perdre fa finance. 397
Lettres de permiffion de réfigner. 398
De ratification de vente d'Office. 399
De furvivances, ou d'expectatives de charges. 400
Pour rendre Offices héréditaires. 401
N°. 5. Lettres de remboursemens d'Offices ou de profits d'iceux. 402
§. IV. Officiers pourvus defdits Offices. 403

IIe Part. IIe Sect. Chap. II. Art. V. 19
N°. 1. Lettres de provisions. 404
    De dispense d'enregistrement. 405
    De serment. 406
N°. 2. Lettres de dispense d'age. 407
    De parenté & d'alliance. 408
    De donner caution. 409
    D'avoir compté d'un Office dont le pourvu étoit titulaire. 410
    D'incompatibilité. 411
    De service. 412
N°. 3. Lettres de retenue de service nonobstant la résignation. 413
    D'exercice concurrent avec le précédent ou le nouveau titulaire. 414
    Lettres pour un pere, à l'effet de rentrer dans l'exercice de l'Office qu'il avoit résigné à son fils qui est mort dans l'exercice dudit Office. 415
N°. 4. Lettres pour Officiers par commissions. 416
N°. 5. Lettres de rétablissement d'un Officier dans ses fonctions. 417
N°. 6. Lettres sur les contrôleurs des comptables. 418
    Lettres de provision ou de suppression de ces Offices. 419
    Lettres de dispense de tenir les Offices de contrôleurs, & être au service d'un Prince. 420
    Lettres de pouvoir commettre pour faire l'exercice. 421
N°. 7. Lettres d'honoraires & de vétérance. 422
    Lettres de conservation de priviléges. 423
Art. VI. Volontés de nos Rois sur la comptabilité. 424
§. I. Lettres sur la forme de compter. 425
§. II. Lettres de validation de recettes faites sans autorisation. 426
§. III. Lettres sur les délais de compter. 427
§. IV. Lettres de décharges, modérations, remises

20 *II.e Part. II.e Sect. Chap. II. Art. VII.*

d'intérêts, d'amendes, de formalités, de cautions, de rétabliſſemens de parties & décharges d'hypotheques, compenſation. 428

§. V. Lettres de décharge de compter ou de corriger. 429
§. VI. Lettres de pardon, d'abolition. 430
Art. VII. Volontés de nos Rois ſur les actes publics. 431
N°. 1. En langue françoiſe. 432
N°. 2. Changement des dates au commencement de l'année 1564. 433
N°. 3. Timbres, contrôles. 434
Art. VIII. Dépôt du Greffe, épices ſur les requêtes, &c. 435

TROISIEME SECTION.

Autorité de la Chambre à l'égard des finances. 436
Notions préliminaires ſur les finances en général. 437
Les finances naiſſent des droits attachés à la ſouveraineté, des droits du domaine, ou des impôts.
Elles ſont employées à payer les dépenſes de la Perſonne du Roi & de la famille Royale ; les dépenſes de la guerre, tant ſur mer que ſur terre ; des ouvrages royaux & publics ; de la ſureté publique ; les gages des Officiers ; les rentes créées pour emprunts faits par le Roi ; & à amortir les dettes de l'état tant anciennes que nouvelles.

CHAPITRE I.

Réglemens généraux ſur la comptabilité. 438
Ils regardent ou les comptables, ou les juges qui les ſurveillent, ou les formes de compter.
Art. I. Réglemens généraux ſur les comptables. 439
§. I.

II.e Part. III.e Sect. Chap. I. Art. I. 21

§. I. Sur leurs perſonnes. 440
N°. 1. Ne doivent être étrangers. 441
N°. 2. Ne doivent être marchands. 442
   Peuvent cependant prendre intérêt dans les
   compagnies de commerce. 443
N°. 3. Ne peuvent prendre les fermes des parti-
   culiers. 444
N°. 4. Ne peuvent être nommés par des enga-
   giſtes. 445
N°. 5. Doivent garder le ſecret des finances. 446
N°. 6. Loix ſomptuaires contre les comptables. 447
§. II. Leurs fonctions. 448
N°. 1. Pour les recettes. 449
  N°. 1.1. Contraintes contre les ſujets du Roi. 450
  N°. 1.2. Huiſſiers par eux employés. 451
  N°. 1.3. La Chambre réprouve les récépiſſés,
    autoriſe la converſion des récépiſſés en quit-
    tances comptables des ſucceſſeurs. 452
  N°. 1.4. Deniers de leurs recettes, n'en changer
    les eſpeces. 453
  N°. 1.5. Ne donner quittances de plus grandes
    ſommes que celles qu'ils reçoivent. 454
N°. 2. Pour les paiemens. 455
  N°. 2.1. Ne doivent différer de payer les man-
    demens du tréſorier de l'épargne. 456
  N°. 2.2. Quittances en blanc prohibées. 457
  N°. 2.3. Ne rien retenir ſur leurs paiemens, ni
    donner contre-lettres. 458
    Ne recevoir quittances ſur ſimples promeſſes
    de payer. 459
N°. 3. Leurs regiſtres. 460
  Doivent tenir regiſtres exacts de leurs recet-
   tes & de leurs dépenſes. 461
N°. 4. Leurs profits. 462
  N°. 4.1. Quittances comptables. 463
  N°. 4.2. Ne prendront gages d'aucuns Seigneurs. 464
  N°. 4.3. N'acheter des biens dans l'étendue de

F

II.e Part. III.e Sect. Chap. I. Art. I.

leur comptabilité, & autres pareilles défenses. 465
N°. 4.⁴. Taxes pour commissions extraordinaires. 466
N°. 5. Leurs comptes. 467
N°. 5.¹. Tems de compter. 468
N°. 5.². Responsables de leurs gestions. 469
N°. 5.³. Faire recettes entieres sauf reprises. 470
N°. 5.⁴. Amendes faute de compter. 471
N°. 6. Finances de leurs Offices, & leurs autres biens. 472
N°. 6.¹. Permission de résigner. 473
N°. 6.². Ventes de leurs Offices. 474
N°. 6.³. Leurs biens sont tenus des débets de leurs prédécesseurs. 475
N°. 6.⁴. Leurs biens sont tenus de leurs comptes après eux, & ils doivent être rendus par leurs veuves ou enfants, ou curateur à succession vacante. 476
N°. 7. Leurs délits. 477
N°. 7.¹. Défenses de jouer les deniers de leurs recettes. 478
N°. 7.². Défenses de prêter les deniers de leurs gestions. 479
N°. 7.³. Trésoriers exempts des recherches des Chambres de justice. 480
§. III. Commis des comptables. 481
N°. 1. Ne doivent donner quittances en leur noms. 482
N°. 2. Comptables sont tenus des fautes de leurs commis. 483
§. IV. Contrôleurs des comptables. 484
Art. II. Réglemens pour la vigilance des juges sur les comptables. 485
§. I. Réglemens particuliers à l'égard de l'existence légale des comptables. 486
N°. 1. Réceptions des titulaires. 487
N°. 2. Réceptions des commis au maniement, & commissions au maniement données par la Chambre. 488

*II*ᵉ *Part. III*ᵉ *Sect. Chap. I. Art. II.* 23
N°. 3. Leurs fermens lors de leurs réceptions. 489
N°. 4. Leurs cautions. 490
N°. 5. Leurs élections de domicile. 491
N°. 6. Leurs résidences. 492
N°. 7. La Chambre informe contre ceux qui exercent sans commission regiftrée. 493
N°. 8. La Chambre fait compter ceux qui ont exercé sans commissions regiftrées. 494
§. II. Réglemens pour la vigilance des juges fur l'exercice, geftion ou maniement des comptables. 495
N°. 1. Vigilance des juges pour l'intérêt du Roi. 496
 N°. 1.¹. La Chambre ne fouffre quittance fur fimple promeffe de payer. 497
 N°. 1.². La Chambre, pour la fureté du Roi, fait quelquefois défenfes de payer les parties prenantes. 498
N°. 2. Vigilance des juges pour l'intérêt des fujets du Roi. 499
 N°. 2.¹. La chambre arrêtoit la perception des impôts, quand les fonds perçus étoient suffifans pour leur deftination. 500
 N°. 2.². La Chambre fufpend les pourfuites des comptables. 501
 N°. 2.³. Elle fait payer les parties prenantes. 502
 N°. 2.⁴. Elle empêche de porter au tréfor royal les fonds des parties prenantes fans ordre. 503
 N°. 2.⁵. Elle rend juftice aux parties, contre les malverfations des comptables. 504
N°. 3. Vigilance des juges fur la conduite des comptables. 505
 N°. 3.¹. Officiers mandés. 506
 N°. 3.². Interrogatoires fur recettes & dépenfes, repréfentations de regiftres, reconnoiffances de quittances. 507
 N°. 3.³. Etats fommaires demandés aux comptables fufpects. 508

IIe Part. IIIe Sect. Chap. I. Art. II.

N°. 3.⁴. La Chambre visite les caisses des comptables suspects. 509
N°. 3.⁵. La Chambre fait compter leurs commis. 510
N°. 3.⁶. La Chambre informe contre leurs malversations & abus. 511
N°. 3.⁷. La Chambre enjoint aux comptables de se conformer aux réglemens. 512
N°. 4. La Chambre protege les comptables. 513
N°. 4.¹. La Chambre les fait payer par ceux qui doivent deniers royaux; elle contraint de leur remettre les acquits & pieces nécessaires à leurs comptes. 514
N°. 4.². La Chambre juge des saisies entre leurs mains. 515
N°. 4.³. La Chambre leur accorde des défenses. 516
N°. 4.⁴. Elle vient quelquefois à leur secours dans le cas de pieces de formalités adhirées. 517
N°. 4.⁵. La Chambre fait rembourser aux comptables, les sommes qu'ils ont été obligés de payer indûment. 518
N°. 4.⁶. Elle juge d'affaires entre les comptables à elle renvoyées par attribution. 519
N°. 4.⁷. La Chambre même, sans attribution, régle les intérêts des comptables entre eux, leurs résignans, résignataires, & leurs commis. 520
N°. 5. Suspension, privation, punition des comptables. 521
N°. 5.¹. Procédures civiles contre eux. 522
N°. 5.². Reconnoissances de quittances par les comptables mandés. 523
N°. 5.³. La Chambre ordonne des contraintes par corps ; appositions de scellés ; garnisons d'Huissiers; saisies de meubles, de papiers, de regiftres, d'immeubles ; ventes de meubles, &c.; pour forcer de compter ou de payer. 524
N°. 5.⁴.

IIe Part. IIIe Sect. Chap. II. Art. I. 25

N°. 5.4. La Chambre ne mettoit les comptables en état de continuer leurs gestions qu'après la clôture des comptes précédents. 525 10.

N°. 5.5. La Chambre ferme la main des comptables négligens, commet en leurs places, & rouvre leurs mains quand les causes sont cessées. 525 20.

N°. 5.6. Prononce des amendes contre eux faute de compter ; elle les décharge s'il y a lieu. *Voyez 534.* 526

§. III. Réglemens généraux pour les comptes. 527
N°. 1. Etats du Roi. 528
N°. 2. Etats au vrai. 529
N°. 3. Emplois de parties en recettes & en dépenses. 530
N°. 4. Acquits & quittances. 531
N°. 5. Formes des bordereaux. 532
N°. 6. Forme des comptes. 533
N°. 7. Leurs présentations. (Cet article comprend aussi les décharges de compter accordées par la Chambre, lorsqu'il n'y a pas lieu de faire présenter des comptes par ceux à qui ils avoient été demandés.) *Voyez 526.* 534
N°. 8. Leurs distributions. 535
N°. 9. Leurs remises au rapporteur. 536
N°. 10. Leurs rédistributions. 537

CHAPITRE II.

Par qui les comptes sont jugés. 538
Art. I. Etats au vrai arrêtés par le Roi ou au Conseil, ou par les tréforiers de France. 539
§. I. Etats au vrai arrêtés par le Roi. 540
§. II. Au Conseil. 541
§. III. Aux bureaux des finances par les tréforiers de France. 542
§. IV. Etats arrêtés par les Intendans des grandes comptabilités. 543
Art. II. Par qui les comptes sont jugés en la Chambre,

G

& concours des Officiers subalternes. 544
§. I. Fonctions des Présidens. 545
§. II. Des Conseillers-Maîtres. 546
§. III. Correcteurs. 547
§. IV. Auditeurs. 548
§. V. Des Gens du Roi. 549
§. VI. Des Greffiers. 550
§. VII. Des Huissiers. 551
§. VIII. Des Procureurs. 552

CHAPITRE III.

De la reddition des comptes en la Chambre. 553
Art. I. Comptes des recettes pour le Roi. 554
§. I. Comptes des droits attachés à la souveraineté. 555
N°. 1. Comptes du marc d'or. 556
Notices sur les émolumens du sceau ; les comptes en étoient anciennement rendus en la Chambre. 557
N°. 2. Comptes des parties casuelles, tant ordinaires qu'extraordinaires & des deniers provenans des créations d'Offices ou d'augmentation d'iceux, (des Maîtrises d'arts & métiers, Offices & droits, qui ont été réunis aux parties casuelles). 558
N°. 3. Compte du prêt & annuel, & du centieme denier établi par édit de Février 1771, registré le 22 Juin suivant. 559
N°. 4. Comptes des Monnoies. 560
N°. 5. De la ferme des Postes. 561
Elle a été quelquefois en Régie. 562
Notices sur l'établissement de la petite poste. 563
N°. 6. Comptes anciennement rendus à la Chambre des droits attachés à la Souveraineté. 564
N°. 6.¹. Comptes des profits des bénéfices, dits, comptes de régale. 565
N°. 6.². Comptes des droits de confirmation, dus à l'occasion du joyeux avénement du

IIe Part. IIIe Sect. Chap. III. Art. I. 27

Roi à la Couronne. 566

N°. 6.³. Comptes des amendes prononcées ès Chambres de justice de Paris & de Flandre. 567

N°. 6.⁴. Comptes des taxes prononcées par les Chambres de justice. 568

§. II. Comptes des droits domaniaux. 569

N°. 1. Comptes des domaines & bois. 570

N°. 1.¹. Comptes de la régie des domaines & bois, qui sont dans les généralités du ressort de la Chambre. 571

N°. 1.². Comptes des domaines actuellement en apanage. 572

N°. 1.².¹. Comptes des domaines & bois d'Alençon & du Perche. 573

Comptes de la forêt de Senouche & province du Thimerais. 574

N°. 1.².². Comptes du domaine d'Anjou. 575

N°. 1.².³. Comptes des domaines & bois de Valois. 576

N°. 1.².⁴. De Vendôme. 577

N°. 1.³. Anciens comptes des domaines, ou Domaines dont les Receveurs-généraux des domaines comptoient en détail chacun dans leurs généralités, avant qu'ils fussent ou en apanage ou en régie. Amiens, Auch, Bourges, Bordeaux, Châlons, Flandres, Hainault, la Rochelle, Limoges, Lyon, & dixiemes desdits domaines ; Meudon, sans dixieme, Montauban, Moulins & dixieme, de Normandie pendant la suppression de la Chambre des comptes de cette province. Orléans, sans dixieme ; Paris, Poitiers, Riom, Soissons, Tours & dixiemes ; Versailles & Marly sans dixiemes. 578

Ils ont tous été supprimés par édit d'Août 1777, registré le 26 du même mois, & les domaines ont été mis en régie : mais les régis-

II.e Part. III.e Sect. Chap. III. Art. I.

feurs defdits domaines comptent féparément de chacun defdits domaines en plufieurs comptes. Ils comptent auffi des droits réunis au domaine. 579

N°. 2. Il y a eu quelques comptes des ventes du domaine. 580

N°. 3. Notices fur les terriers. 581

§. III. Comptes des impôts levés par des Officiers Royaux. 582

N°. 1. Recettes générales des finances, capitations & dixiemes biens fonds. 583

Nota. Par édit d'Avril 1780, les quarante huit Offices de receveurs généraux des finances furent fupprimés, avec création de douze Receveurs généraux feulement. Par édit d'Octobre 1781, les douze Receveurs généraux furent fupprimés, & les quarante-huit Offices furent rétablis; & l'édit a été regiftré le 16 du même mois.

N°. 1.1. Recettes générales des finances, qui contiennent les recettes particulieres des finances de leurs généralités. 584

N°. 1.1.'. Amiens, qui contient les recettes particulieres des finances d'Amiens, de Doullens, Mont-didier, Péronne, Ponthieu, Saint-Quentin. 585

N°. 1.1.'. Auch, qui contient les recettes particulieres d'Auch, Aftarac, Comminges, les Lannes, Lomagne, Riviere-Verdun. 586

N°. 1.1.'. Bordeaux qui contient auffi les recettes particulieres de Bordeaux, Agen, Condom, Périgueux, Sarlat. 587

N°. 1.1.'. Bourges qui contient auffi les recettes particulieres de Bourges, Blanc en Berry, Châteauroux, Iffoudun, la Charité, la Châtre, Saint-Amand. 588

N°. 1.1.'.

IIe Part. IIIe Sect. Chap. III. Art. I.

N°. 1.1.⁵. Châlons, qui contient aussi les recettes particulieres des finances de Châlons, Bar sur-Aube, Chaumont, Epernay, Joinville, Langres, Rhetel, Reims, Sainte-Menehould, Sézanne, Troyes, Vitry. 589

N°. 1.1.⁶. Flandres & ⎫ Flandres & Hainault
Artois.   ⎬ n'ont qu'un seul re- 590
N°. 1.1.⁷. Hainault & ⎨ ceveur-général des
Cambresis.   ⎭ finances. 591.

Il y avoit un compte d'imposition Boulonoise, qui est réuni à la recette générale des finances d'Amiens.

N°. 1.1.⁸. La Rochelle qui comprend aussi les recettes particulieres des finances de la Rochelle, Saint-Jean d'Angely & Xaintes. 592

N°. 1.1.⁹. Limoges, qui comprend aussi les recettes particulieres des finances de Limoges, Angoulême, Bourganeuf, Brives, Tulles. 593

N°. 1.1.¹⁰. Lyon, qui comprend les recettes particulieres de Lyon, Montbrison, Saint-Etienne, Villefranche en Beaujolois. 594

N°. 1.1.¹¹. Montauban, qui comprend les recettes particulieres des finances de Montauban, Cahors, Figeac, Milhault, Rhodes, Villefranche en Rouergue. 595

N°. 1.1.¹². Moulins, qui comprend les recettes particulieres de Moulins, Châteauchinon, Evaux en Combraille, Gannat, Montluçon & Nevers. 596

N°. 1.1.¹³. Orléans, qui comprend les recettes particulieres d'Orléans, Beaugency, Blois, Chartres, Châteaudun, Clamecy, Dourdan, Gien, Montargis, Petiviers,

H

II.ᵉ Part. III.ᵉ Sect. Chap. III. Art. I.
Romorantin, Vendôme. 597
N°. 1.¹.¹⁴. Paris, qui comprend les recettes particulieres de Paris, Beauvais, Coulommiers, Compiegne, Dreux, Etampes, Joigny, Mantes, Melun, Montfort, Montreau, Nemours, Nogent, Pontoise, Provins, Rozoy, Saint-Florentin, Senlis, Sens, Tonnerre, Vezelay. 598
N°. 1.¹.¹⁵. Poitiers, qui comprend les recettes particulieres, de Poitiers, Chatellerault, Confolens, Fontenai le Comte, Mauleon, Niort, Sables d'Olonne, Saint-Maixent, Thouars. 599
N°. 1.¹.¹⁶. Riom, qui comprend les recettes particulieres de Riom, Aurillac, Brioude, Clermont en Auvergne, Ilioire, Roanne, Saint-Flour. 600
N°. 1.¹.¹⁷. Soissons, qui comprend les recettes particulieres de Soissons, Château-Thierry, Clermont en Beauvoisis, Crespy, Guise, Laon, Noyon. 601
N°. 1.¹.¹⁸. Tours, qui comprend les recettes particulieres de Tours, Amboise, Angers, Baugé, Château du loir, Châteaugontier, Chinon, la Fleche, Laval, le Mans, Loches, Loudun, Mayenne, Montreuil-Bellay, Richelieu, Saumur. 602
N°. 1.². Comptes des capitations dans chacune de ces généralités, qui contiennent aussi les capitations des recettes particulieres des finances de leurs généralités. 603
N°. 1.³. Comptes des dixiemes, vingtiemes, cinquantiemes, deux sols pour livres des biens fonds dans chacune de ces généralités, qui contiennent aussi les vingtiemes des biens-fonds des recettes particulieres des finances de leurs généralités. 604

II.e Part. III.e Sect. Chap. III. Art. I.   31

N°. 2. Comptes particuliers des capitations &
dixiemes.   605
N°. 2.¹. Comptes de la capitation de la Ville
de Paris.   606
 Nota. En Mars 1784, édit de création de
deux Receveurs-généraux des finances de la
Ville de Paris, & nouveau régime pour les
fix Receveurs particuliers des impofitions de
la Ville de Paris. En Juillet 1785, édit de fuppreffion des fix Offices de Receveurs particuliers des impofitions de la Ville de Paris.
Ils ont été rétablis par édit de Février 1786.
N°. 2.². Les dixiemes, vingtiemes, cinquantiemes de la Ville de Paris, par les mêmes
que la recette de la capitation.   607
N°. 3. Anciens comptes des impofitions levées
par Officiers royaux.   608
N°. 3.¹. Il y avoit cent trente-cinq comptes des
tailles, qui aujourd'hui font parties des comptes des Receveurs-généraux, ainfi que nous
l'avons annoncé fur chaque recette générale.   609
 Nota. Ces Officiers autrefois appellés Receveurs des tailles, enfuite Receveurs des
impofitions, comptoient directement en la
Chambre; mais depuis l'édit de Janvier 1782,
ils ont été nommés Receveurs particuliers
des finances, & comptent aux Receveurs-généraux des finances, qui comptent pour eux
en la Chambre; cet édit qui ne fut pas en-
voyé à la Chambre lui fut dénoncé; elle fit
des remontrances, le Roi perfifta. Enfin le
premier Juillet 1785, la Chambre le regif-
tra, à l'exception des articles XIII & XIV,
qui tranfportoient à la cour des Aides l'autorité en matiere criminelle contre ces comptables, & à la charge qu'ils prêteroient ferment en la Chambre en la maniere accou-
tumée.

IIe Part. IIIe Sect. Chap. III. Art. I.

N°. 3.². Comptes de capitation de l'élection ; la capitation de ces Officiers est retenue sur les gages, qui leur sont payés par les Receveurs-généraux des finances de Paris. 610

N°. 3.³. Comptes de la capitation de la table de marbre, réunis au compte du domaine. 611

N°. 3.⁴. Comptes de la capitation du grenier à sel, réunis aux fermes-gabelles. 612

N°. 3.⁵. Notices sur la capitation de la Cour. 613

N°. 3.⁶. Comptes des retenues, dixiemes vingtiemes, deux sols pour livre des charges acquittées par les Receveurs-généraux, sur les gages.

Nota. Ces comptes ont cessé, parce qu'on ne fait plus emploi dans les états du Roi, des gages, &c.; que déduction faite desdits dixiemes, &c. 614

§. IV. Comptes des impôts levés par des traitans, fermiers régisseurs. 615

N°. 1. Régie générale des aides, & droits y réunis. 616
N°. 2. Régie des droits réservés. 617
N°. 3. Régie des droits rétablis. 618
N°. 4. Régie des droits réunis. 619
N°. 5. Ferme des marchés de Seaux & de Poiffy. 620
N°. 6. Comptes des maîtrises d'arts & métiers. 621

Nota. Edit de suppression des communautés d'arts & métiers du ressort du Parlement de Paris, par édit d'Avril 1777, regiftré le 9 Août suivant. — 24 Avril 1778 lettres-patentes, regiftrées le 10 Juillet suivant ; les deniers provenans des corps & communautés desdits arts & métiers, seront perçus par le tréforier de la Police, qui a été réuni à la tréforerie des dépenses diverses. Il a depuis été réuni aux parties casuelles qui en tiennent un compte particulier.

N°. 7. Régie générale des hypotheques. 622

N°. 8.

II.e Part. III.e Sect. Chap. III. Art. I. 33

N°. 8.	Anciens comptes d'impôts levés par des Traitants, Fermiers, Régisseurs.	623
N°. 8.1.	Comptes des *Aides*.	624
N°. 8.2.	*D'amortissemens* de biens Ecclésiastiques.	625
N°. 8.3.	Des *Armoiries*.	626
N°. 8.4.	Du *Ban* & arriere Ban.	627
N°. 8.5.	Des droits sur la *Bierre*.	628
N°. 8.6.	De l'achat des *Bleds* pour la subsistance de la Ville de Paris.	629
N°. 8.7.	Des quatorze deniers pour livre des ventes des *Bois* tant du Roi que des communautés Ecclésiastiques.	630
N°. 8.8.	Des droits sur les *Bois* à brûler.	631
N°. 8.9.	Sur les *Bois* & Charbon.	632
N°. 8.10.	De la comptablie de *Bordeaux*.	633
N°. 8.11.	Des droits sur les *Cartes* & Cuivres.	634
N°. 8.12.	Sur les *Casuels*.	635
N°. 8.13.	De la recette du *Commerce* à Paris.	636
N°. 8.14.	Des appointemens de tous les *Commis* du royaume.	637
N°. 8.15.	Des droits de *Confiscations*.	638
N°. 8.16.	De *Consignations*.	639
N°. 8.17.	De la ferme du *Contrôle* des bancs de mariages.	640
N°. 8.18.	De la ferme du *Contrôle* des actes & des exploits.	641
N°. 8.19.	Des droits sur les *Cuirs*.	642
N°. 8.20.	Des droits *domaniaux*.	643
N°. 8.21.	Des deniers *extraordinaires*.	644
N°. 8.22.	Des *Fermes* générales.	645

I

II.ᵉ Part. III.ᵉ Sect. Chap. III. Art. I.

Nº. 8.²³.	Des droits de l'exemption des francs Taupins.	646
Nº. 8.²⁴.	Des recettes de *Fouages*.	647
Nº. 8.²⁵.	Des fermes des *Gabelles*.	648
Nº. 8.²⁶.	Des *Greffes* des Infinuations Ecclésiastiques, Royaux & Séculiers.	649
Nº. 8.²⁷.	Des *Maîtrises* d'Arts & Métiers réunis aux parties casuelles.	650
Nº. 8.²⁸.	De la ferme de la *marque* d'Argent.	651
Nº. 8.²⁹.	De la ferme de la *marque* des Fers, Etains.	652
Nº. 8.³⁰.	De la ferme des *mortes-paies* de Normandie, Guyenne, Champagne, &c.	653
Nº. 8.³¹.	Des dîmes des *Offices* & droits.	654
N. 8.³².	Des droits sur les *Papiers* & *Parchemins*.	655
Nº. 8.³³.	Des petites fermes *particulieres*.	656
Nº. 8.³⁴.	Des droits de *péage*.	657
Nº. 8.³⁵.	Des droits sur le *Plâtre*.	658
Nº. 8.³⁶.	De la ferme du Duché de Savoye.	659
Nº. 8.³⁷.	De la régie des 4 *sols* pour livre, en 1747.	660
Nº. 8.³⁸.	De la ferme des droits sur les *Suifs*.	661
Nº. 8.³⁹.	De la ferme du *Tabac*.	662
Nº. 8.⁴⁰.	De la ferme des *tailles* de	663
Nº. 8.⁴¹.	Des douanes & *traites* foraines.	664
Nº. 8.⁴².	Des droits sur les privilégiés marchands de *Vin*.	665
Art. II. Comptes des dépenses pour le Roi.		666
§. I. Compte des dépenses pour la Personne du Roi & la Famille Royale.		667

*II*e *Part. III*e *Sect. Chap. III. Art. II.* 35

N°. 1. Comptes de dépenses de la maison du Roi. 668
> *Nota.* Cette comptabilité a été créée par édit de Juillet 1779, regiſtré le 17 du même mois, ſous le titre de Tréſorier Payeur-général des dépenſes de la maiſon du Roi & de la Reine; mais, comme on va le voir, le Tréſorier de la maiſon de la Reine a été rétabli, & ce compte ne regarde plus que la maiſon du Roi, Chambre aux deniers, Argenterie, Ecurie, Venerie.

N°. 2. Comptes des offrandes & aumônes. 669
> *Nota.* Cette comptabilité a été ſupprimée par édit de Juillet 1779, regiſtré le 17 du même mois; mais elle a été rétablie par édit de Mai 1784, regiſtré le 20 Juillet ſuivant.

N°. 3. Comptes de la maiſon de la Reine. 670
> *Nota.* Ce compte avoit été ſupprimé par édit de Juillet 1779, regiſtré le 17 du même mois, & réuni au compte du Tréſorier payeur-général des dépenſes de la maiſon du Roi & de la Reine. Par édit d'Octobre 1781, regiſtré le 28 Novembre ſuivant, le Roi déclare que l'Office de Tréſorier de la maiſon de la Reine n'étoit que ſuſpendu, & reprendroit ſon exécution en cas de viduité de la Reine. Enfin, par édit de Mars 1782, regiſtré le 31 Décembre ſuivant, ce Tréſorier a été rétabli en plein exercice.

N°. 4. Comptes de la maiſon de Monſieur. 671
    De Madame. 672

N°. 5. Comptes de la maiſon de Monſieur Comte d'Artois. 673
    De Madame Comteſſe d'Artois. 674

N°. 6. Comptes de la maiſon de Monſieur le Duc d'Orléans. 675

N°. 7. Anciennes comptabilités éteintes ou ſupprimées dans les dépenſes de la perſonne du Roi, & de celles de la famille Royale. 676

II.e *Part.* III.e *Sect. Chap.* III. *Art.* II.

N. 7.[1]. Compte de la Chambre aux deniers, fupprimé par édit de Juillet 1779, regiftré le 17 du même mois, portant réunion dudit compte à celui du Tréforier-général des dépenfes de la maifon du Roi. 677

N°. 7.[2]. Compte de l'Argenterie & menus plaifirs, fupprimé par le même édit, & réunion à la même Tréforerie. 678

N°. 7.[3]. Compte des Ecuries, fupprimé par le même édit, & réuni à la même Tréforerie. 679

N°. 7.[4]. Compte de la Venerie, fupprimé par le même édit, réuni à la même Tréforerie. 680

N°. 7.[5]. Compte du traitement des Officiers de la feue Reine. 681

N°. 7.[6]. De la maifon de feue Madame la Dauphine. 682

N°. 7.[7]. Du traitement des Officiers de la feue Dauphine. 683

N°. 7.[8]. Des maifons des autres enfans de France. 684

N°. 7.[9]. Des maifons des Princes légitimés. 685

§. II. Comptes des dépenfes des domaines du Roi, & charges fur lefdits domaines; voyez régie 571, fept départemens. 686

§. III. Comptes de la guerre, tant fur mer que fur terre. 687

N°. 1. Compte de l'ordinaire des guerres 688

N°. 2. Compte du Tréforier-général des dépenfes de la guerre. 689

Nota. Régie des poudres & falpêtres pour le compte du Roi. 690

N°. 3. Compte du Tréforier-général des dépenfes de la marine. 691

N°. 4. Régie générale des étapes, convois militaires pour le compte du Roi. 692

Des

II.ᵉ Part. III.ᵉ Sect. Chap. III. Art. II. 37

Des étapes de Lyon, qui renferment celles particulieres de Lyon, Montbrifon, Roanne, Saint-Etienne, Villefranche. 693

N°. 5. Anciennes comptabilités de la guerre tant fur mer que fur terre, éteintes ou fupprimées. 694

N°. 5.¹. Compte de *l'artillerie* & du génie, réuni à la Tréforerie-générale des dépenfes du département de la guerre. 695

N°. 5.². Compte des *camps & armées*. 696

N°. 5.³. Compte des *Colonies*.—En Juin 1771, création de deux Offices de Tréforiers-généraux de la marine & des colonies, regiftré le 4 Mars 1772.— En Novembre 1778, édit de fuppreffion du compte des colonies, réunion à la Tréforerie-générale de la marine & des colonies, regiftré le 16 Novembre 1778; & depuis, faifant partie du compte du Tréforier-général des dépenfes de la marine. *Voyez 701.* 697

N°. 5.⁴. Compte des *fortifications de France* & des mortes-paies, fupprimé par édit de Juillet 1783, regiftré le 16 Septembre fuivant, réuni aux dépenfes de la guerre. 698¹·

Nota. Les *fortifications de Paris* font rendues avec le compte des octrois de ladite ville.

N°. 5.⁵. Compte des *galeres*, anciennement réuni à la marine. 698²·

N°. 5.⁶. Extraordinaire des *guerres*, de deçà, & de delà, capitation & dixieme. Edit de Novembre 1778, portant fuppreffion de la Tréforerie de l'extraordinaire des guerres, & réunion à la Tréforerie des dépenfes du département de la guerre, regiftré le 16 Novembre 1778. 699

N°. 5.⁷. Compte de la *marine*, — fupprimé par édit de Novembre 1778, regiftré le 16

K

IIe Part. IIIe Sect. Chap. III. Art. II.

du même mois, & réunion à la Tréforerie de la dépenfe de la marine & des colonies. 700 & 701

N°. 5.⁸. Compte des appointemens des *Mouf-quetaires.* 702

N°. 5.⁹. Des *penfions* & gratifications fur le 4ᵉ denier. 703

N°. 5.¹⁰. Des *régimens* & garnifons. 704

N°. 5.¹¹. Des appointemens des cent *Suiffes.* 705

N°. 5.¹². Des ligues *Suiffes*, réuni au département des affaires étrangeres, par édit d'Octobre 1779, regiftré le 24 Novembre fuivant. } 706

N°. 5.¹³. Des *vivres* des armées. Ces comptes n'ont lieu qu'en temps de guerre, & font partie de la Tréforerie-générale des dépenfes du département de la guerre. 707

N°. 6. Notices fur les Tréforiers de différens ordres Royaux, & maifons Royales d'éducation, ou d'hôpitaux militaires. 708

N°. 6.¹. Tréforerie de l'Ordre du Saint-Efprit. 709
N°. 6.². De Saint-Louis. 710
N°. 6.³. Du mérite militaire. 711
N°. 6.⁴. De Saint-Michel. 712
N°. 6.⁵. De Saint-Lazare du Mont-Carmel. 713
N°. 6.⁶. De Malthe. 714
N°. 6.⁷. De l'Ecole militaire. 715
N°. 6.⁸. Des Invalides. 716
N°. 6.⁹. Des Invalides de la marine. 717

II.e Part. III.e Sect. Chap. III. Art. II.　　39

§. IV. Comptes des ouvrages royaux & publics.　718
　N°. 1. Comptes des bâtimens du Roi, capitation & dixieme. — Par édit de Juillet 1779, regiſtré le 17 dudit mois, il a été ſupprimé & réuni à la Tréſorerie des dépenſes de la maiſon du Roi & de la Reine. — Par édit de Décembre 1783, regiſtré le 13 Mars 1784, il a été rétabli.　719
　N°. 2. Compte des ponts & chauſſées. — Par édit de Février 1779, regiſtré le 9 Mars ſuivant, la Tréſorerie a été ſupprimée ; & cet édit porte création d'un Tréſorier-général des ponts & chauſſées, turcies & levées, barrages & pavé de Paris.　720
　N°. 3. Compte des bâtimens Sainte-Croix d'Orléans.　721
　N°. 4. Comptes anciens ſupprimés.　722
　　N°. 4.¹. Compte des turcies & levées. — Par édit de Février 1779, regiſtré le 9 Mars, il a été réuni à la Tréſorerie-générale des ponts & chauſſées.　723
　　N°. 4.². Compte du barrage & pavé de Paris. — Réuni par le même édit aux ponts & chauſſées. — Il l'avoit déjà été par édit de Mai 1772, regiſtré le 11 Août ſuivant.　724
§. V. Comptes des dépenſes pour la ſûreté publique. Ces comptes ont été ſupprimés & réunis, ſavoir :　725
　N°. 1. Comptes des maréchauſſées de France, & capitation.　726
　　Par édit de Novembre 1778, regiſtré le 16 du même mois, cette Tréſorerie a été réunie à celle des dépenſes du département de la guerre.
　N°. 2. Compte des deniers de police. — Par édit d'Octobre 1779, regiſtré le 24 Novembre ſuivant, cette Tréſorerie a été réunie à la

II.ᵉ Part. III.ᵉ Sect. Chap. III. Art. II.

Tréforerie des dépenfes diverfes. 727
N°. 3. Comptes des boues & lanternes, — réunis à la Tréforerie des dépenfes diverfes. 728
N°. 4. Compte du guet de Paris, — réuni à la Tréforerie-générale des dépenfes diverfes. 729
N°. 5. Compte du guet de Lyon. (Il eft encore dans les regiftres des diftributions) ; mais il y a apparence qu'il fera dorénavant payé par le Receveur-général des finances de Lyon. 730

§. VI. Compte des dépenfes diverfes, — contient les dépenfes de police, des gages des maîtres des poftes, des dépenfes des haras, du guet de Paris, de la maréchauffée de l'Ifle-de-France, des mines & des carrieres, des encouragemens du commerce, des petites loteries, de Tréforeries & autres anciens comptes particuliers. 731

§. VII. Comptes des gages payés par des Tréforiers-particuliers. 732
N°. 1. Compte des gages du Parlement de Paris, & capitation. 733
N°. 2.   De la chambre des comptes & capitation. 734
  De fes menues néceffités. 735
N°. 3.   De la cour des aides de Paris. 736
N°. 4.   De la Cour, ou boîtes des monnoies de Paris, & capitation. 737
N°. 5.   Des fecrétaires du Roi, du grand fceau, & capitation deux parties. 738
N°. 6.   Des Officiers des monnoies. 739
N°. 7.   Des Officiers de la prévôté de l'hôtel. 740
N°. 8.

II.ᵉ *Part.* III.ᵉ *Sect. Chap.* III. *Art.* II. 41

N°. 8. Compte des gages d'aucuns Officiers, dit
charges-gabelles. 741
N°. 9. Des charges sur les fermes. 742
N°. 10. Anciens comptes de gages payés par des
Tréforiers - particuliers, éteints ou fupprimés. 743
N°. 10.¹. Comptes des gages des cours des
Aides de Guienne, de Clermont-ferrand,
de Montauban. 744
N°. 10.². Comptes des gages des *Ambaſſadeurs*. 745
N°. 10.³. Des *Bureaux* des finan-
ces, ont été réunis
aux recettes-généra- } 746
les des finances de
leurs provinces.
Du *Bureau* des finances
de Lille, *idem.* 747
N°. 10.⁴. Des *Chancelleries* près le Parlement de Paris, réunis à la re-
cette - générale des finances,
comme les autres chancelleries
aux recettes-générales de leurs
provinces, par édit de Mars
1772, regiftré le 13 Juillet
1773. 748
N°. 10.⁵. Près les Parlemens de Bordeaux,
de Flandres, près le Conſeil pro-
vincial d'Artois, près la cour des
Aides de Guyenne, près la cour
des Aides de Clermont-ferrand
près la cour des Aides de Montauban, près la cour des Monnoies de Lyon; lefdits comptes
réunis à ceux des recettes-générales des finances de leurs provinces. 749

L

II.ᵉ Part. III.ᵉ Sect. Chap. III. Art. II.

N°. 10.⁶.	Comptes des gages du *Châtelet*, réunis à la recette-générale de Paris.	750
N°. 10.⁷.	Des corps & *communautés* des Villes réunis à la Tréforerie générale des dépenses diverses.	751
N°. 10.⁸.	Du grand *Conseil*, réuni à la recette-générale des finances de Paris.	752
N°. 10.⁹.	Des Officiers des *Elections*.	753
N°. 10.¹⁰.	Des *Maîtres* des requêtes.	754
N°. 10.¹¹.	Des *Maîtres* des postes, haras, réunis à la Tréforerie des dépenses diverses, par lettres-patentes du 31 Octobre 1784.	754
N°. 10.¹².	Des Officiers de *milice bourgeoise*.	755
N°. 10.¹³.	De la cour des *Monnoies* de Lyon, réunie à celle de Paris.	756
N°. 10.¹⁴.	Des Officiers de la ville de *Paris* payés par le domaine de ladite ville.	757
N°. 10.¹⁵.	Des Officiers des *Parlemens* de provinces, réunis aux comptes des recettes-générales desdites provinces.	758

II.ᵉ Part. III.ᵉ Sect. Chap. III. Art. II.

N°. 10.¹⁶.	De Bordeaux.	759
N°. 10.¹⁷.	De Flandres.	760
N°. 10.¹⁸.	Des Officiers des *Préfidiaux*.	761
N°. 10.¹⁹.	Du *Préfidial* de Crepy, réuni à la recette-générale des finances de Soiffons.	762

§. VIII. Comptes des rentes conftituées par le Roi. 763

N°. 1.	Perpétuelles fur l'Hôtel-de-Ville, Aides & gabelles.	764
N°. 2.	Viageres, autres que tontines.	570
N°. 3.	Sur l'Ordre du Saint-Efprit.	766
N°. 4.	Sur les Poftes.	767
N°. 5.	Comptes des anciennes comptabilités de rentes éteintes ou fupprimées.	768
N°. 5.¹.	Rentes fur la caiffe des *Amortiffemens*, payées par le Tréforier de ladite caiffe.	769
N°. 5.².	Sur la ferme du *contrôle* des actes.	770
N°. 5.³.	Sur les *cuirs*.	771
	Dettes du Canada. Dettes de la Guerre. Seront payées par les payeurs des rentes de l'hôtel-de-ville. Les mêmes que les rentes à 3 pour cent.	772 / 773
N°. 5.⁴.	Sur les deux fols pour livre du dixieme.	774
N°. 5..	Sur les *domaines* & bois, par le payeur des charges du domaine.	775
N°. 5.⁶.	D'emprunts faits fous le nom des *Etats* ou communautés Eccléfiaftiques ou Laïques.	776
N°. 5.⁷.	Sur les cinq groffes *fermes*.	777
N°. 5.⁸.	Sur les droits de bancs de *mariages*.	778

IIe Part. IIIe Sect. Chap. III. Art. II.

N°. 5.9. Rentes fur les fermes du *Tabac*. 779
N°. 5.10. Sur les *tailles* & recettes-générales des finances. 780
N°. 5.11. Sur le tréfor royal à trois pour cent. *Tontines*. 5 Juillet 1770. Lettres-patentes regiſtrées le 23 Octobre fuivant, de converſion des tontines en rentes purement viageres à trois pour cent, payées par les payeurs des rentes de l'hôtel-de-ville, en 1784. 781

§. IX. Comptes des paiemens d'effets royaux, autres que rentes conſtituées. 782

La plûpart de ces effets royaux ont été éteints, ou les rentes ont été aſſignées fur le tréfor-royal, ou fur la caiſſe des amortiſſemens.

N°. 1. Compte de la caiſſe des amortiſſemens ; (Alm. 1786, p. 561), chargé de faire le rembourſement des primes, & des billets de l'emprunt de 36 millions, par arrêt du Conſeil du 19 Octobre 1780. — Le rembourſement des capitaux, & le paiement des intérêts de l'emprunt de 100 millions, par édit de Décembre 1782. ✠ Le paiement des coupons d'intérêt de l'emprunt de sept millions de rentes viageres, créées par édit de Janvier 1782. — Le rembourſement tant des capitaux que des accroiſſemens, & le paiement des coupons d'intérêt de l'emprunt de 125 millions, fait par édit de Décembre 1784. — Le paiement des rentes viageres fur l'hôpital de Touloufe. — Le rembourſement des capitaux, & le paiement des intérêts de l'emprunt de 24 millions, fait par arrêt du Conſeil, du 5 Avril 1783. — Le rembour-

fement

*II*e *Part. III*e *Sect. Chap. III. Art. II.*

fement de l'emprunt de 24 millions, en exécution de l'arrêt du Conseil, du 4 Octobre 1783. — Le remboursement des parties de rentes, tant de 12 livres & au-dessous, que de 12 à 20 livres, conformément aux arrêts du Conseil, du 26 Décembre 1784, & 18 Août 1785. — Le paiement des arrérages dûs jusqu'au premier Janvier 1785, des rentes fur ladite caisse. — Des rentes fur les tailles, fermes & gabelles, & domaine du Roi. 783

Nota. Une premiere caisse des amortissemens avoit été supprimée par la déclaration du 30 Juillet 1775, regiſtrée le 12 Septembre suivant.

N°. 2. Comptabilités d'effets royaux, autres que rentes conſtituées, éteintes ou supprimées. 784

N°. 2.1. Comptes des rentes de l'emprunt de 40 millions en *Alſace* ; lettres-patentes du 25 Septembre 1776, regiſtrées le 9 Janvier 1778, pour les faire payer par le tréſor-royal. 785

N°. 2.2. Des intérêts de la caisse des *Amortiſſemens*, 1776 à 1779, pour une fois seulement. } 786

N°. 2.3. Des *Annuités*. 787

N°. 2.4. De la caisse des *Arrérages*, réunion à la caisse des amortissemens. 788

N°. 2.5. Des billets de *Banque*, appellée banque-générale. 789

N°. 2.6. Des paiemens provenans des dettes du *Canada*. 790

N°. 2.7. Des paiemens des billets à *Époque*, & de change, & au porteur. 791

N°. 2.8. Des reſcriptions de la caisse d'*Eſcompte* ; lettres-patentes

M

46 *IIe Part. IIIe Sect. Chap. III. Art. II.*

du 24 Décembre 1775, regiſtrées le 7 Février 1776, pour faire remettre au tréſor-royal, les reſcriptions de la caiſſe d'eſcompte, dont le paiement avoit été ſuſpendu, & qui avoient été données pour le montant des actions de ladite caiſſe d'eſcompte non acquittées, qui ſe trouvoient alors dans les mains du public. 792

N°. 2.9. Comptes des billets de l'*Etat*, & billets de monnoie. 793

N°. 2.10. Des billets des *Fermes*. 794

N°. 2.11. Des actions des *Fermes*. 795

N°. 2.12. Des paiemens des dettes de la *Guerre.* Voyez dettes du Canada. } 796

N°. 2.13. Des *Lotteries* royales. Lettres-patentes du 13 Août 1777, regiſtrées le 16 Septembre ſuivant, qui ordonnent qu'il ſera compté par le tréſor-royal, des rentes provenant des billets de Lotterie. 797

N°. 2.14. Des indemnités des petites *Lotteries.* — Octobre 1775, édit regiſtré le 24 Novembre 1779, portant ſuppreſſion du tréſorier des petites Lotteries, & réunion à la tréſorerie des dépenſes diverſes. 798

N°. 2.15. Des billets & reſcriptions des *Receveurs-généraux.* — Lettres-patentes du 24 Décem-

IIe Part. IIIe Sect. Chap. III. Art. II. 47

   bre 1775, regiſtrées le 7 Février 1776, pour faire rembourſer les reſcriptions.   799

§. X. Comptes des rembourſemens de capitaux des rentes, par la caiſſe des amortiſſemens.   800

§. XI. Notices ſur les compagnies de commerce.   801
 N°. 1. Sur la compagnie de commerce de Lorraine.   802
 N°. 2.   Des aſſurances.   803
 N°. 3.   Des Indes.   804
 N°. 4. Sur la banque du ſieur Law, devenue depuis banque royale du commerce.   805
 N°. 5. Sur les deniers deſtinés au commerce de la ville de Dunkerque.   806
 N°. 6. Sur les manufactures.   807

§. XII. Comptes des prêts faits par le Roi, ſur les biens-fonds.   808

Art. III. Recettes & dépenſes faites par le tréſor-royal, ou mer des finances, anciennement l'épargne.   809
 N°. 1. Comptes du tréſor-royal.   810
 N°. 2.   Des rembourſemens par le tréſor-royal.   811
 N°. 3.   Des penſions ſur le tréſor-royal.   812
 N°. 4.   Notices ſur les droits de contrôle des quittances de finance du tréſor-royal.   813

Art. IV. Comptes des deniers publics.   814
 N°. 1. Comptes des octrois & deniers communs des villes. — Edit de Novembre 1771, de création d'Offices de Receveurs-patrimoniaux & d'octrois, dans les villes où il y a corps municipal, regiſtré le 22 Février 1772.   815
   Notices ſur les Offices municipaux.   816
   Sur les deniers patrimoniaux.   817
   Sur les dons gratuits des villes.   818
 N°. 2. Comptes des ſecours accordés aux communautés.   819

48   *II.ᵉ Part. III.ᵉ Sect. Chap. III. Art. V.*

N°. 3. Comptes des octrois accordés aux hôpitaux. 820
Notices fur les hôpitaux & prifons. 821
Art. V. Comptes du clergé. 822
§. I. Comptes des rentes fur le clergé. 823
§. II. Anciens comptes du clergé, fupprimés ou éteints. 824
N°. 1. Comptes des œconomats. 825
N°. 2. Des décimes fur le clergé. 826
Art. VI. Comptes particuliers. 827
N°. 1. Comptes de la chefcerie de la Sainte-Chapelle. 828
N°. 2. Du Collége de Navarre. 829
Art. VII. Comptes des profits & dépenfes de la Chambre. 830
N°. 1. Comptes des revenus de la Chambre. 831
N°. 2. Des épices. 832
N°. 3. Des récompenfes. 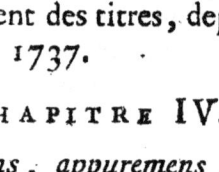 Epices, récompenfes, mortes-paies, ne font plus qu'un feul compte. 833
N°. 4. Des mortes-paies. 834
N°. 5. Du tiers des amendes. 835
N°. 6. Des bourfes communes, droits d'entrée, & autres droits du Greffe. 836
N°. 7. Des frais de bureau, pour rétabliffement des titres, depuis l'incendie de 1737. 837

Chapitre IV.

Des jugemens, appuremens, corrections, & revifions des comptes en la Chambre. 838
Art. I. Des jugemens des comptes. 839
§. I. Difcipline à l'égard defdits jugemens. 840
N°. 1. Examens des comptes. 841
N°. 2. Rapports. 842
N°. 3. Jugemens. 843
§. II. Réglemens fur les vices des comptes. 844

II.e Part. III.e Sect. Chap. IV. Art. I.

N°. 1. Vices dans la préſentation ; s'être immiſcé ſans titres ; bordereaux mal faits.	845
N°. 2. Vices de recettes.	846
N°. 2.1. Omiſſion de recette.	847
N°. 2.2. Recettes non autoriſées.	848
N°. 2.3. Double recette.	849
N°. 2.4. Recette étrangère à la comptabilité dans laquelle elle auroit été introduite.	850
N°. 2.5. Recette non juſtifiée.	851
N°. 3. Vices de dépenſes.	852
N°. 3.1. Doubles emplois.	853
N°. 3.2. Parties non payées.	854
N°. 3.3. Parties mal payées.	855
N°. 3.4. Quittances non revêtues de formalités.	856
N°. 3.5. Trop dépenſé.	857
N°. 3.6. Retentions.	858
N°. 3.7. Repriſes mal faites.	859
§. III. Jugemens contre les vices des comptes.	860
N°. 1. Injonctions.	861
N°. 2. Indéciſions.	862
N°. 3. Recettes forcées.	863
N°. 4. Souffrances, anciennement ſuperceſſions.	864
N°. 5. Radiations.	865
N°. 6. Amendes.	866
N°. 7. Intérêts.	867
N°. 8. Peines du quadruple, double, & ſimple.	868
N°. 9. Renvoi à la correction.	869
§. IV. Gages & taxations des comptables.	870
§. V. Façons & vacations des Procureurs.	871
§. VI. Epices & bourſes de jettons.	872
§. VII. Exécutions des arrêts ſur les comptes, aſſiettes des états finaux & remiſes au parquet.	873
§. VIII. Doubles des comptes.	874
§. IX. Dépôt du Garde des livres.	875
N°. 1. Dépôt des comptes & acquits, extraits de ce dépôt ; mentions ſur les comptes.	876
N°. 2. Tranſport & remiſe des comptes.	877

II.ᵉ Part. III.ᵉ Sect. Chap. IV. Art. II.

Art. II. Appurement des comptes. 878
   §. I. Débets des reftes des comptes après leur clôture. 879
      N°. 1. Fonctions du Contrôleur-général des reftes à l'égard de ces débets. 880
      N°. 2. Comptes des pourfuites faites par le Contrôleur-général des rentes. 881
        Notices fur les fonctions de celui qui, anciennement étoit nommé Solliciteur-général des reftes. 882
   §. II. Requêtes de rétabliffement & délais d'appurer. 883
   §. III. Hypotheque du Roi, fur les offices & autres biens des comptables. 884
   §. IV. Scellés fur les effets des comptables. — Inventaires & ventes de meubles. — Comptes de clerc à maître par leur commis en leur abfence. — Inventaires des effets des commis. — Gardiens des fcellés. — Confignations. 885
Art. III. De la correction des comptes. 886
   §. I. Fonctions des Confeillers-correcteurs, ou avis de correction & députations aux jugemens. 887
   §. II. Vices fujets à correction & maximes de correction. 888
   §. III. Jugemens de corrections, leur exécution fur les comptes & épices fur iceux. 889
   §. IV. Debets & reftes des comptes après la correction, ou *quittus*. 890
   §. V. Dépôt des contrôles en chambre de la correction. 891
Art. IV. De la révifion des comptes en la Chambre du Confeil lez la Chambre des comptes. 892
      Notices fur cette Chambre. 893

CHAPITRE V.

Jugement des comptables. 894

Art. I. Autorité de la Chambre en matieres criminelles, telles que fauffetés d'acquits dans les comp-

IIe Part. IIIe Sect. Chap. V. Art. II.

tes, Péculat, & autres divertiſſemens des deniers. — Inſtruction criminelle. 895

Art. II. Commiſſions qui ſont données à pluſieurs des membres de la Chambre, pour aſſiſter ès Chambres de juſtice. Procédures & jugemens d'icelles. *Voyez* 224. 896

Art. III. Amniſties accordées aux comptables, & révocation des Chambres de Juſtice. 897

De l'Ordonnance de Noſſeigneurs de la Chambre des Comptes, du deux Janvier mil ſept cent quatre-vingt-ſept.

MARSOLAN.

www.ingramcontent.com/pod-product-compliance
Lightning Source LLC
Chambersburg PA
CBHW071751200326
BVHW00013BA/3205